GLAUBE, HOFFNUNG UND LIEBE • CARLA SMIT

CARLA SMIT

GLAUBE
HOFFNUNG UND LIEBE

Gedichte

mit Aquarellen und Ölbildern
von Wilhelm Loisel, akad. Maler

CARINTHIA VERLAG

Aus Dankbarkeit
dem lieben Herrgott gewidmet

---

2. Auflage 2004
ISBN 3-85378-572-7

Gesamtherstellung:
Medienhaus Carinthia AG, Klagenfurt
Coverabbildung:
Aquarell von Wilhelm Loisel: Phlox
Satz und Repro:
m4! Mediendienstleistungs Gmbh & Co KG, Klagenfurt

INHALT

VORWORT

In der heutigen Zeit ist es besonders schön,
einen Gedichtband von Carla Smit
in den Händen zu haben und an den Gedanken
und an den Lebenserfahrungen
dieser wunderbaren Frau teilzuhaben:

daß Liebe nicht immer vergeht,
daß Hoffnungen uns nicht immer täuschen
und daß wir für das Sterben eigentlich
immer bereit sein müssen oder bereit sein sollten.

So taucht man in ihre Gedichte,
in ihre kleine poetische Welt, ein.

Ich wünsche allen Lesern damit viel Freude.

Ruth Maria Kubitschek

Ruth Maria Kubitschek
Schauspielerin/Buchautorin

Die Perlen

Tränen, die ich tief im Herzen
still und heimlich um dich wein',
werden dir für alle Zeiten
Perlen meiner Liebe sein!

Der Engel, der nicht weinen kann

Es kam ein Engel auf die Welt,
auf die er sich gefreut,
er wollte froh und glücklich sein,
wie ja so manche Leut'.

Er wurde liebevoll umsorgt,
doch ihm war vieles fremd,
es hat ihn einerseits beglückt
und and'rerseits gehemmt.

Es gab auch Menschen auf der Welt,
die's bös' mit ihm gemeint,
und, als er keine Tränen fand,
hat Gott für ihn geweint.

Begegnet hab' ich neulich ihm
und sah's ihm deutlich an,
dem Engel, der zu Tränen rührt,
doch selbst nicht weinen kann.

Kehrt er zurück ins Paradies,
nimmt ihn der Herrgott auf,
dann läßt vor lauter Freude er
den Tränen freien Lauf.

Von seinem Schöpfer zart umarmt,
Der ihn unendlich liebt,
dort, wo's in aller Ewigkeit
nur Freudentränen gibt!

Geständnis

Ich habe geschuftet,
Karriere gemacht
und trotz alledem halt
zu wenig gelacht.
Ich habe gesündigt,
geliebt und gehaßt
und dabei auch vieles
im Leben verpaßt.

In fröhlichen Stunden
mit Freunden vereint
und nachher die Tränen
in Stille geweint.
Ich habe gezweifelt
und manchmal versagt,
zu lange gewartet,
zu wenig gewagt.

Ich hoffe, der Herrgott,
Er wird mir verzeih'n,
dem Sinn meines Lebens
mir Ausdruck verleih'n.
Die Antwort, warum ich
auf Erden hier bin,
gibt mir, meinem Leben,
den höheren Sinn.

Das Leben schleift manchmal
mit Schmerzen und Pein
den Rohdiamanten
zum edelen Stein!

Der Schiffbrüchige

Rund um's Wrack, das ihm noch einen
kleinen Funken Hoffnung gibt,
singt der Sturmwind über's Wasser
ein makab'res Abschiedslied.

Wie ein gnadenloser Herrscher
nähert sich im Siegesboot
über hohe, dunkle Wogen
der erbarmungslose Tod.

Unabwendbar ist sein Schicksal,
höllisch seine Einsamkeit,
rauhe Lippen reißen, wenn er
noch zu Gott um Hilfe schreit.

Und er klammert sich an's Wrack, das
ihn durch's wilde Wasser schleift,
bis sein Grab sich gähnend öffnet
und er nach und nach versteift.

Zimmer drei-null-neun

Er ist schon über achtzig
und wohnt im Altenheim,
in einem Einzelzimmer,
in Zimmer drei-null-neun.

Er ist so hilflos, wenn er
durch sein Gedächtnis irrt,
versucht, sich zu entsinnen
und wirkt dabei verwirrt.

Er sagt: er sei in Rußland,
befinde sich in Haft.
Er glaubt, er sei wie damals
in Kriegsgefangenschaft.

Er will darüber sprechen,
was nur zum Teil gelingt,
es schmerzt, wie er sich schwertut,
wenn er nach Worten ringt.

Ein Trauma aus dem Kriege,
aus der Vergangenheit,
wird ihm in hohem Alter
zur neuen Wirklichkeit.

Der Krieg ist längst vorüber,
doch nicht für ihn im Heim,
dort hat er lebenslänglich
in Zimmer drei-null-neun!

Die Dame mit dem Pudel

Die kleine alte Dame,
die oft spazieren ging
im Park mit ihrem Pudel,
an dem sie sosehr hing,
erzählte ihm vom Schicksal,
an dem sie fast zerbricht;
er hat sie zwar verstanden,
nur helfen konnt' er nicht.
Sie waren dicke Freunde,
sie waren wie ein Paar,
das sich von Herzen liebte
und unzertrennlich war.

Der kleine schwarze Pudel
– sie hatte ihn so lieb –
war letzten Endes alles,
was ihr auf Erden blieb.
Und wird die Dame sterben,
geht auch der Pudel ein,
denn auch in ihrem Tode
läßt er sie nicht allein.
So werden sich die beiden
doch einmal wiederseh'n
und dann im Garten Eden
zu zweit spazieren geh'n!

Bitte an meine verstorbene Mutter

Du hast vieles tragen müssen,
dir war kaum ein Glück beschert,
trotzdem war für dich das Leben
immer wieder lebenswert.

Du hast niemals aufgegeben,
immer nur nach vorn geschaut,
das Wort HOFFNUNG großgeschrieben
und dabei auf Gott vertraut,

Der dich nie im Stich gelassen
und bestimmt erst recht nicht beim
allerschwersten letzten Gange
in das Altenpflegeheim.

Dir ist nichts erspart geblieben,
mußtest bitt're Wege geh'n,
doch nie hab' ich deine Lippen
so wie dorten zittern seh'n.

Sollten jemals mir die Lippen
zittern, so wie damals dir,
nimm dann meine Hand in deine
und sei eine Stütze mir!

Der arme reiche Mann

Er lebte recht bescheiden,
hat immer brav gespart
und hat sein ganzes Spargeld
für später aufbewahrt.

Das später ist jetzt heute,
er ist ein kranker Mann,
was nützt nun aller Reichtum,
jetzt, wo er nichts mehr kann?

Er kann sich kaum bewegen,
befindet sich in Not,
ist körperlich abhängig
und wünscht sich nur den Tod.

Das wissen auch die Erben,
sie sind in großer Zahl,
sie warten auf sein Sterben
und auf sein Kapital.

Und ist der Mann gestorben,
beginnt der große Streit
um's heiß begehrte Erbe
mit aller Heftigkeit.

Doch ihn wird's nicht berühren,
den armen, reichen Mann,
für ihn fängt dann im Jenseits
ein neues Leben an!

Besuch zu Weihnachten

Noch kälter als es draußen war,
war es bei mir im Haus,
erwartet hab' ich niemanden,
die Lichter waren aus.

Und dann war ER auf einmal da,
an DEN ich nicht gedacht,
ER brachte mir ein Kerzenlicht
in dieser Weihnachtsnacht.

Das Licht hat Wärme ausgestrahlt
in meinem ganzen Haus,
es hat die Dunkelheit verjagt
und löste Freude aus.

ER hat mit SEINER Gegenwart,
die mich zutiefst beglückt',
da drinnen in der Seele mir
den Weihnachtsbaum geschmückt.

Und ER versprach, bevor ER ging,
ER bleibt mein treuer Hirt,
bis es bei IHM in SEINEM Haus
erst richtig Weihnacht wird!

Die Wende

Ich hab' geglaubt, es sei vorüber,
mein Leben sei bereits vorbei.
Ich hab' geglaubt, es wäre alles
nur Illusion und Träumerei.

Bis ich empfand, als wir uns trafen,
wie sehr sich doch das Leben lohnt
und daß bei mir noch immer drinnen
die Sehnsucht nach der Liebe wohnt.

Es gab in deinen ernsten Augen
ein Leuchten voller Zärtlichkeit,
in der Berührung deiner Hände
die Wärme deiner Menschlichkeit.

Und ich empfand, wie leis' im Herzen
ein Wunder sich vollzog in mir,
und diese neue Lebensfreude
verdank' ich ganz alleine dir!

Ohne dich

Ohne dich ist es mir kalt,
bin ich ganz allein,
ohne dich fehlt mir der Halt,
könnt' ich niemals sein.

Ohne dich ist meine Welt
so unendlich leer,
ohne dich gibt es kein Glück,
keine Freude mehr.

Ohne dich fehlt jedem Tag
warmer Sonnenschein,
ohne dich wird jede Nacht
eine Lüge sein!

Ich werd' alles für dich tun

Ich werd' dir Gedichte schreiben,
jedes sagt: ich denk' an dich,
und beim Lesen wirst du wissen,
du bist meine Welt für mich.
Und ich werd' dir Bilder malen,
viele, bunte, groß und klein,
die dir alle sagen werden:
ich möcht' immer bei dir sein!

Ich werd' dir die Sterne holen
von dem blauen Himmelszelt,
dir die schönsten Blumen pflücken,
die es gibt auf dieser Welt.
Und ich werde mit dir tanzen,
jeder Schritt sagt: ich bin dein,
und in deinen Armen werd' ich
in dem siebten Himmel sein!

Ich werd' dir Gedanken widmen,
die intimsten, die es gibt,
und sie werden alle Tage
sagen, wie mein Herz dich liebt.
Schließlich werd' ich niederknien
und ich gebe mich dir hin,
während meine Lippen flüstern,
wie ergeben ich dir bin!

Die Hingabe

Ich hatte ihn vor langer Zeit
schon mal im Traum geseh'n
und als er wirklich vor mir stand,
da war's um mich gescheh'n.

Er flüsterte mir leis' ins Ohr,
wie sehr er mich begehrt',
ich konnte ihm nicht widersteh'n
und hab' mich nicht gewehrt.

Ganz tief da drin' berührte mich
ein wundersamer Schmerz,
ich gab mich seiner Sehnsucht hin
und schenkte ihm mein Herz.

In seinen Armen habe ich
ans Ende nicht gedacht,
vom Glück berauscht erlebte ich
die Wonne jener Nacht!

Sage niemals „nie“

Sage niemals „nie“ im Leben,
wenn's vielleicht auch Phantasie,
denn so ist es nun mal eben,
wie es ausgeht, weiß man nie.

Du sollst nie die Zeit vergeuden
mit Gemurr und Grübelei,
denn man braucht die Zeit zum Leben
und die ist im Nu vorbei.

Denke nie, ich hab' verloren,
wenn man noch soviel versäumt,
gibt es Hoffnung, Glaub' und Liebe,
hat man nie umsonst geträumt.

D'rum sag' niemals „nie“ im Leben,
hege Traum und Phantasie,
's kann noch immer Wunder geben,
denn wie's ausgeht, weiß man nie!

Carla J. M. A. Smit

Carla Smit wurde am 7. Juni 1936 in Apeldoorn in den Niederlanden geboren. Ihr Vater war Niederländer und ihre Mutter, von Geburt Niederländerin, war französischer Abstammung. Nach dem Abitur studierte sie einige Jahre niederländische Sprachwissenschaft und Literatur, welches Studium sie aber aus familiären Gründen nicht vollenden konnte.

Von 1963 bis 1993 war Carla Smit in der Pharmaindustrie tätig, anfangs als Chefsekretärin und später als Reise- und Kongressorganisatorin, in welcher Eigenschaft sie mit Ärzten und Professoren nationale und internationale Kongresse und Symposien besuchte.

Durch die Hektik ihres Berufes ist Carla Smit früher kaum zum Dichten gekommen, aber nach ihrer Pensionierung hat sie ihr Talent voll und ganz entfalten können.
Im Jahre 2000 erschien ihr erstes Gedichtbändchen mit dem Titel „Mein Kärnten" (ISBN 3-85378-518-2). Die 2. Auflage folgte bereits im Jahre 2001.

Carla Smit beschreibt klar und deutlich und in einer Rhythmik, die auch Komponisten zu Vertonungen ihrer Werke anregt, kleine Lebens- und Liebesgeschichten und aufgrund eigener Erfahrungen hält sie den Lesern manchmal auch einen Spiegel vor.

Das nun vorliegende Büchlein enthält Gedichte über allgemeine und ernste Themen, bei denen sie sich auf Erinnerungen, Erfahrungen und wahre Begebenheiten stützt.

In manchem Gedicht befaßt sich die Autorin mit der Liebe, dem Sinn des Lebens, der Vergänglichkeit, dem Tod und nicht zuletzt mit dem Jenseits.

Wilhelm Loisel

Wilhelm Loisel wurde 1914 in Radsberg bei Klagenfurt geboren. Er entstammt einer bekannten Künstlerfamilie, wodurch sein Lebensweg bereits in jungen Jahren vorgezeichnet war.

Das Studium an der Akademie für bildende Künste in Wien (1932–1936) schloß er mit der Lehramtsprüfung für Zeichnen und Kunstgeschichte ab.

Er wurde nach dem Krieg freischaffender Künstler und widmete sich der Schilderung von Landschaft und Blumen in Aquarell und Öl, und in den stillen Wintermonaten baute er ein graphisches Werk auf, dessen Vorliebe dem Kärntner Milieu, Blumen und Tieren galt und nach wie vor gilt.

Er zählt zu den konservativen Künstlern Österreichs, angeregt durch seinen Vater und seine akademischen Lehrer, die Professoren Larwin, Martin und Fahringer. Deren Vorbild nachstrebend, fand er seinen eigenen Stil, den er im Laufe der Jahre so entwickelte und verfeinerte, daß eine ihm verbundene internationale Anhängerschaft von Jahr zu Jahr anwächst. In jeder seiner Schaffensphasen blieb er aber unbeirrt seinem Grundsatz treu, die Natur in ihrer Vielfalt als seinen größten Lehrmeister anzusehen. Dem allgemeinen Trend „Hin zur modernen Kunst" wich er von Anfang an konsequent aus. Mehr als 50 Jahre künstlerisches Schaffen dokumentieren sich in einem Gesamtwerk von ungezählten Aquarellen, einer ebenso stolzen Zahl von Ölbildern und Hunderten von Radierungen.

Ebenfalls im Verlag Carinthia erschienen:

Carla Smit

Mein Kärnten

Gedichte

mit Aquarellen
von Wilhelm Loisel

38 Seiten, Leinen mit
Schutzumschlag
ISBN 3-85378-518-2